c'était mieux avant !

Préparation de copie : Patrick Bacry
Relecture : Maud Bruguière
Mise en pages : Marina Smid

ISBN : 9782746512887
Dépôt légal : septembre 2017
N° d'édition : 74651288
18e tirage : 2021, janvier
170 bis, boulevard Montparnasse 75014 Paris
www.editions-lepommier.fr

c'était mieux avant !

michel serres
de l'académie française

[MANIFESTE LE POMMIER !]

La croissance verticale de l'espérance de vie peuple notre beau pays de ceux que l'on appelle, avec une pudeur sotte, les seniors. Je me compte parmi ces vieillards. Beaucoup idéalisent leur jeunesse, comme on va le voir. D'autre part, enfant ou sénile, femme ou mâle, riche ou pauvre, droite ou gauche, croyant ou athée, oc ou oïl, breton ou picard, alsacien, corse ou basque, et depuis nos ancêtres les Gaulois, le Français râle, critique, s'indigne, tempête, rouspète, crie au scandale, se met en colère. Au moins trois fois la semaine, ce dernier mot orne la une de nos journaux. Sculptée en haut-relief, au pilier droit, sur l'Arc de triomphe, à l'Étoile, *La Marseillaise* de Rude modèle des visages où fourmillent dix grimaces, criant l'ire caractéristique de notre nation grognon.

Vieillards plus râleurs, deux populations non exclusives, cette somme ou ce mélange fait de notre France un pullulement dense de Grands-Papas Ronchons. Riches et bavards, devenus majoritaires, électeurs de plus en plus décisifs, cherchant d'autre part à exhiber la réussite de leur existence, ces colériques disent à Petite Poucette, chômeuse ou stagiaire qui paiera longtemps pour ces retraités : « C'était mieux avant. »

Or, cela tombe bien, avant, justement, j'y étais. Je peux dresser un bilan d'expert. Que voici.

Caudillo, Duce, Führer, Grand Timonier…

Avant, nous fûmes guidés par Mussolini et Franco, Hitler, Lénine et Staline, Mao,

Pol Pot, Ceausescu… rien que des braves gens, spécialistes raffinés en camps d'extermination, tortures, exécutions sommaires, guerres, épurations. Auprès de ces acteurs illustres, tel président démocratique fait mine anonyme, sauf lorsqu'il fait signer au vaincu le traité humiliant de Versailles, qu'il lance cent bombardiers ordinaires sur Dresde ou l'arme atomique pour irradier à mort les civils d'Hiroshima et de Nagasaki.

Ce XXe siècle politique enchanta notre enfance. Combien d'hymnes, face au drapeau, fûmes-nous obligés de chanter ? Combien de défilés nous forçat-on, enfants, de suivre, afin de fêter des fantoches qui changeaient d'opinion, selon victoires ou défaites ? À combien de mensonges fûmes-nous exposés ? Combien de torturés entendîmes-nous hurler, combien de cadavres d'amis vîmes-nous dans les fossés ?

Guerre et paix

Avant, nos aïeux firent la guerre de 70, nos pères, jeunes, celle de 14, où tombèrent presque tous nos paysans, vint ensuite, dès 36, la guerre civile en Espagne, dont la sauvagerie ensanglanta ce pays magnifique; s'ensuivirent la guerre mondiale 39-45, avec son cortège d'abominations racistes, plus les conflits coloniaux, Indochine et Algérie, où je dus porter les armes. Mon grand-père échappa aux débâcles de Sedan, les gaz délétères blessèrent mon père au milieu des bombes de Verdun, je dus finir l'expédition de Suez… de sorte que, pendant un siècle, ma famille et moi connûmes la guerre, la guerre, la guerre… De ma naissance à l'âge adulte, mon corps se forma, bras et jambes, cœur et cerveau, de guerre, de guerre, de guerre.

Depuis lors, nous vécûmes soixante-cinq ans de paix, ce qui n'était point arrivé, en Europe occidentale du moins, depuis l'*Iliade* ou la *Pax Romana*. Les générations de guerre, les miennes, préparèrent et réalisèrent ces six à sept décennies, plus heureuses que les bains de sang d'antan. Or le calme de la paix incite à l'oubli, alors que le bruit et la fureur des conflits ne quittent jamais le souvenir. Villes et hameaux leur dressent même des monuments aux morts, aux listes insoutenables. Grand-Papa Ronchon souffrirait-il de lacunes commémoratives ? Ne passe-t-il jamais sur la place de villages vides désormais ? La paix d'aujourd'hui, est-ce moins divertissant que ces guerres d'antan ?

Avant, ces boucheries perpétuelles et autres crimes d'État, goulag ou Shoah, tuèrent cent millions de victimes. Les statistiques disent que, dans des temps plus anciens, le nombre des morts par maladies infectieuses dépassait toujours d'assez loin celui des victimes de guerre, alors que le XXe siècle fut le premier où les morts aux champs de l'horreur l'emportèrent largement sur la malignité des microbes. Le savoir stratégique vainquit en grand leur petitesse. Pour battre ce record d'assassinats, des experts avisés inventèrent la mitrailleuse, les armes chimiques et les bombes nucléaires ; notre élite rêva de destructions massives. Avant, nous parvînmes à ces chefs-d'œuvre de conception et de fabrication.

Or, avant que ces crimes commencent, jamais l'Occident n'avait atteint un aussi haut niveau de culture dans les sciences et les arts, peinture et musique, électricité, mécanique quantique et chimie, techniques et transports, vie courante et confort, jamais il n'avait accédé à un tel sommet de liberté ou de démocratie, sans compter la Société des Nations, la Croix-Rouge, dix mouvements pacifistes, égalitaires et libérateurs que nous connûmes et parfois encourageâmes. L'abîme de sauvagerie où nous tombâmes et le volume de cadavres que notre cruauté folle entassa étonnent moins que le rapport entre ces abominations et un tel apex de culture.

De quoi donc protège-t-elle ?

Avant, je veux dire pendant l'Occupation, mille mots allemands fleurissaient sur les murs de Paris et des autres villes de France. J'y ai pris l'horreur des langues dominantes et l'amour de celles que l'on veut éradiquer. Comme je compte, aujourd'hui, plus de mots américains en ces mêmes lieux que de mots destinés aux nazis à l'époque, je cherche à défendre la langue française, celle désormais des pauvres et des assujettis. Et constate que, de père en fils, les collabos de cette importation se recrutent dans la même classe, dite d'élite.

Sauf les bombardements civils des villes, et, dans la plupart des cas, décidées, préparées, organisées par des personnes d'âge mûr, les guerres du siècle tuèrent la jeunesse mâle. Autrement dit, dans les ministères, ambassades et quartiers généraux, quelques pères de ladite élite s'adonnaient avec ivresse au meurtre de leurs fils, par dizaines de millions. Peu après, aveuglés sans doute devant ce volume grandiose de tombes, filles et fils rescapés apprirent, dans les amphithéâtres, le « meurtre du père ».

Morts et mensonge, c'était vraiment mieux.

Avant, il n'y avait pas de portable, de sorte que chacun se confrontait durement au réel tel quel, alors que Grand-Papa Ronchon rouspète de voir aujourd'hui Petite Poucette plongée sans cesse dans le doux du virtuel, comme Sancho, sur son âne, riait sous cape devant les frasques livresques du Quichotte.

Je n'aurais pas détesté qu'avant, ces guerres, ces morts, ces féroces dirigeants, ces mensonges, ces camps, ces crimes, ce poison, n'eussent pas sévi dans une réalité aussi dure, mais dans le virtuel d'un jeu vidéo doux.

Idéologies

Avant, sans crainte de procès, nous pouvions caricaturer les Juifs et les injurier bassement dans des magazines antisémites librement répandus ; montrer, quasi scientifiquement, que les Africains, que les Aborigènes australiens, que les Noirs en général, incultes et proches des primates, dataient d'avant le néolithique bien que nos contemporains ; nous prétendions aussi que les catholiques, culs-bénits, formaient un troupeau d'ignorantins et de conservateurs ; que les Allemands n'étaient que brutes sanguinaires, comme les socialistes et les communistes, au couteau entre les dents ; que les enseignants et les ouvriers, paresseux, ne recherchaient que congés payés ; que les patrons, ignobles capitalistes, suçaient à chaque repas le sang des prolétaires ; sans oublier les nobles, les francs-maçons, les immigrés, les banlieusards… tous, comme on le devine, diaboliquement dangereux. Chaque groupe social tramait donc un complot contre *nous*. Les réseaux sociaux jouent encore à ce jeu stupide et dangereux. Hautement haineux des autres, le dialogue social et l'affrontement politique se dirigèrent ainsi sans obstacle majeur vers les crimes susdits. Passage des phrases aux actes.

Je ne dis pas que tout racisme a disparu. Mais le mélange des origines, des religions et des langues dans les classes des écoles et à l'université, mais les voyages incessants, de tourisme ou d'étude, dans les pays proches et lointains, mais les échanges entre experts et entreprises, mais les nouvelles issues de tous les horizons, mais l'accès universel permis par l'ordinateur et le portable, mais le théorème du petit monde démontrant qu'en quatre coups de fil n'importe qui peut aujourd'hui atteindre n'importe qui… mais la découverte de chiffres décisifs, disant que les assassinats se font plus fréquents à l'intérieur de la famille qu'à l'étranger, que le voisinage et l'intimité couvent plus de violence encore que l'altérité, qu'il est donc plus difficile de s'aimer les uns les uns, y compris entre frères ennemis, que de se supporter les uns les autres… tempérèrent jusqu'à les annuler parfois ces jugements stupides et inhumains d'antan, dont je ne crois pas que Grand-Papa Ronchon puisse vraiment se montrer fier.

Je comprends qu'il dise, avec quelque nostalgie, qu'avant, nous vivions ensemble et qu'aujourd'hui je me réfugie dans l'isolement individuel du portable. Mais à se référer aux idéologies qui cimentaient jadis les appartenances qu'il loue et les crimes auxquels certaines d'entre elles aboutirent, qui ne préféra les abandonner ? Qui, d'ailleurs, sait faire équipe, puisque les joueurs de football français firent grève en un récent championnat du monde ; qui sait faire couple, puisque le divorce croît ; qui sait faire paroisse, puisqu'elles tombent en désuétude ; qui sait faire parti politique, puisqu'à l'intérieur de chacun flambent les querelles personnelles jusqu'à rendre improbables les idéaux que ces mouvements prétendent incarner ? Meurent les anciennes appartenances, même la Nation, à qui nous avons sacrifié, le plus souvent pour rien, des millions de nos parents. Et nous cherchons à en inventer de nouvelles, locales, par exemple, où s'échangent de nouvelles monnaies ; globales, aussi, avec les réseaux sociaux qui groupent des millions de personnes.

Voilà mon individualisme, dit Petite Poucette. Vive l'autre, déclare-t-elle à l'inverse.

Contrat naturel

Quel autre ? Les humains, certes, mais aussi l'ensemble de ceux qui ne font point partie de l'espèce. Voici.

Avant, les usines, sans contrainte, répandaient leurs déchets dans l'atmosphère ou la mer, la Seine, le Rhin ou le Rhône. Les pétroliers dégazaient au large. La révolution industrielle avait donné une telle confiance aux ouvriers, aux ingénieurs et aux penseurs qu'il ne semblait pas qu'elle eût à montrer jamais quelque face sombre. Les philosophes enseignaient la finitude humaine et l'infinité du monde, qui regorgeait de dons et de bienfaits ; nous pouvions indéfiniment puiser dans ce capital, donné à l'humanité sans contrepartie. Aucune attention portée aux résidus.

Peu à peu, la situation se retourna. Alors que les Londoniens étouffaient sous la brume, que les microbes de la poliomyélite coulaient en Garonne, nous commençâmes à nous interroger sur les risques de nos actes, d'autant qu'après Hiroshima, plusieurs catastrophes industrielles alertèrent l'opinion. Notre maîtrise des choses produisait, en retour, une réponse formidable des choses elles-mêmes. D'où ce retournement philosophique : oui, dans son savoir, ses désirs, son histoire, l'homme est infini, alors que le monde est fini ; on put même contempler notre petit bateau, photographié par les cosmonautes et délimité par sa robe océanique et son écharpe gazeuse de nuages et d'air.

Alors que Grand-Papa Ronchon votait pour les Hommes et eux seuls, Petite Poucette se mit à défendre le Monde contre nos entreprises, à proposer même qu'il devînt sujet de droit. Il habite dans le confort du narcissisme anthropologique, elle accepte et assume le coup que portent à l'Homme, à son arrogance, les sciences de la vie et de la terre dont les leçons le plongent dans le Monde.

État excité de société

Avant, je veux dire en ces temps de guerre perpétuelle, aussi bien des hommes entre eux que d'eux tous contre le monde, la société vivait dans un état singulier, j'allais dire excité. En période pacifique, les personnes passent les unes devant les autres, dans la rue ou à la gare, sans beaucoup se voir, ou, si elles se reconnaissent, échangent des saluts quasi indifférents. Nul ne se méfie de quiconque, sauf quelques malades mentaux. Cette banalité neutre garantit la tranquillité civique des rapports sociaux et les baigne dans la paix.

Inversement, le conflit produit de nouveaux liens, fondés sur l'agression, la peur, la haine, le soupçon et nourris par eux. Nul ne vit sans crainte, ni le Juif, angoissé d'un possible pogrom, ni le résistant, qui risque la dénonciation, ni le collabo, accusé de trahison ; chacun vit sur le qui-vive. Existe-t-il alors un seul civil paisible ? Puisque l'état de guerre lève l'interdiction sacrée du meurtre, alors imposé ou conseillé, par leçon d'héroïsme, chacun sait que ce passage à l'acte le concerne : il peut tuer ou être tué ; ce soir, demain, au coin de la rue, sans avertissement ; chacun soupçonne en l'autre un assassin possible. Plus de police au sens de gardien de la paix. Par tout le réseau des relations sociales rôde la peine de mort.

Cet état social, issu de la guerre, renaît aussi bien sous le règne des braves gens de tantôt, où la police frappe arbitrairement au lieu de protéger légalement. La scène se passe à Moscou dans les années staliniennes. Un professeur de physique invite chez lui tous les jeudis soir trois vieux amis pour jouer aux cartes. Ils se connaissent tous quatre depuis l'enfance, s'apprécient, ont travaillé ensemble et, au cours de cette soirée de liberté, la conversation enjouée fuse de toutes parts et sur tous les sujets, pendant les parties successives et au gré des gains partagés. Heureux des heures passées en commun, apaisé d'avoir bu quelques gouttes de vodka, l'on se quitte à minuit. Un beau soir d'hiver, au moment de prendre congé, l'hôtesse tend son manteau à chaque invité. De l'une des poches une carte tombe : celle de la police d'État si redoutée. À qui est-elle ? dit-elle. Chacun proteste et nie qu'elle soit à lui. Le lendemain, un soldat en uniforme se présente à l'appartement et réclame la carte. On la rend. À partir du jeudi suivant, les réunions amicales continuèrent dans le silence le plus dense, jusqu'à se dissoudre peu à peu.

Plus d'amis, partant plus de joie.

Les hôpitaux psychiatriques notent qu'en ces temps de guerres et de tyrannies baisse verticalement le nombre des entrées. Tout conflit vide les asiles. Interprétation facile : la folie de la guerre civile ou du conflit mondial saisit le collectif entier. Comme d'une source, elle sort des lieux clos où des infirmiers la soignaient pour déborder à l'extérieur et inonder le monde. J'ai connu non point le grand enfermement mais ce grand déferlement, cette crue générale, le Déluge, vraiment. Il recouvrit la Terre entière de ses eaux mortelles. Comme cette psychose générale empoisonne alors toutes les relations, nous voguions sur la marée de ce poison. Plus tard, j'ai vécu le retour à la paix comme une guérison. Avant, nous étions malades. Je cherche à découvrir l'étiologie de cette atroce absurdité, je voudrais savoir comment y remédier. Comment, tout à coup, croît cette pandémie en forme de crue et pourquoi, soudain, baissent les eaux ?

Que vive et que dure la santé mentale de la collectivité !

Maladies

Avant, ne connaissant pas les antibiotiques, on mourait de vérole ou de tuberculose, comme à peu près tous les illustres du XIXe siècle, Schubert, Maupassant ou Nietzsche ;

ma tante décéda d'une méningite le mois précédent l'arrivée de la pénicilline, remède qui eût réduit sa souffrance létale à huit jours de petites piqûres ; pas de remède à l'infection.

Pas de sécurité sociale, les pauvres souffraient sans soin, voilà tout ; les riches ne s'en sortaient pas vraiment mieux ; finaud dans ses diagnostics, impuissant le plus souvent aux guérisons, un praticien de ville ou de campagne emportait, le matin, dans sa sacoche, les huit ou dix médicaments efficaces à l'époque ; où l'absence de vaccination laissa beaucoup de mes amis marqués de poliomyélite ; où l'on se moquait des handicapés, en les appelant de noms de bêtes, becs-de-lièvre, gueules-de-loup, phocomèles, c'est-à-dire bras de phoque, sans pitié ; j'ai quasi connu *L'Homme qui rit*. Ne disposant pas d'antalgiques ni d'analgésiques ni d'anti-inflammatoires, il fallait supporter la douleur ; on vous arrachait les dents sans anesthésie. J'ai connu deux ou trois générations d'édentés qui ne mangeaient plus que de la soupe. L'OMS a réussi l'exploit de guérir non point, çà et là, des malades, mais d'éradiquer, mondialement, une ou deux maladies, dont la petite vérole.

Nos parents ne se déshabillaient pas sur les plages ou dans les piscines non pas en raison d'une pudeur morose et de la morale dite bourgeoise dont se moque à juste titre Petite Poucette, mais parce qu'ils dissimulaient sous des voiles opaques et longs leurs marques de cette variole ou autres indélébiles cicatrices, comme jadis la fraise autour du cou cachait le collier de Vénus, éclatement des ganglions par effet syphilitique.

Souffreteux, paralytique, boutonneux, le corps se la coulait douce sur un lit de roses, avant.

Vie et mort

De ma naissance à aujourd'hui, l'espérance de vie, en France, a bondi vers quatre-vingts ans. Combien, parmi ceux qui m'écoutent ou me lisent en ce moment ne seraient pas là, si la courbe des survivants ne s'était ainsi redressée ? Mais où sont les Ronchons d'antan ? Combien d'enfants fallait-il mettre au monde pour en conserver deux ou trois ?

Avant, de guerre ou de maladie, de misère ou de souffrance, on mourait plus jeune, c'était beaucoup mieux. Pourquoi ? Mieux, parce qu'au moment du mariage, les conjoints ne se juraient fidélité que pour cinq ans de moyenne, alors qu'aujourd'hui la statistique dit qu'ils se la disent pour soixante-cinq ans : galère ! Mieux encore, puisque Balzac ou Dickens parlent de jeunes gens héritiers de trente ans, alors qu'aujourd'hui combien desdits seniors de soixante ans attendent toujours le legs des prédécesseurs, qui se paient des tisanes le soir et l'été des vacances voyages au Club Med ? Mieux pour eux, s'entend. C'était beaucoup mieux, puisque des jeunes gens de dix-huit ans n'hésitaient point à offrir leur vie à la Patrie, atroce marâtre, alors qu'aujourd'hui leurs équivalents hésiteraient à lui offrir soixante ans d'espérance de vie. Plus de service militaire. Avant, les pères pouvaient encore allègrement tuer leurs fils à la guerre ; mais où sont, aujourd'hui, ces assassins d'antan ?

Intensifs et palliatifs

Je les vois remplacés, dit Petite Poucette, par une attention quasi sainte à ceux qui entrent dans les antichambres de la mort. Les malades proches de l'issue fatale sont traités dans des services de soins intensifs où des techniques avancées permettent parfois de les sauver. J'y ai vu, dit-elle, émue, des résurrections. D'irréductibles Ronchons appellent cette suite de miracles savants et humanitaires l'acharnement thérapeutique. J'ai entendu l'un d'entre eux, remis sur pied après deux mois d'inconscience et quasi d'agonie, remercier le chef du service pour n'avoir pas ouvert ni lu la lettre qu'il portait sur lui et qui spécifiait qu'il avait choisi de mourir en paix ; il ajoutait que cette paix, les médecins la lui avaient donnée avec cette seconde vie. Et qui aurait imaginé, voici à peine quelques décennies, une préparation à la fin telle qu'elle se pratique dans d'autres services, dits de soins palliatifs ?

Il a fallu d'abord changer nos idées concernant la douleur. Au lieu de pratiquer une éthique, héroïque et brutale, pour la supporter, trouver les moyens de la combattre. On oublie souvent que la plupart des morales, juive, épicurienne, stoïcienne, chrétienne, bouddhiste… consistaient en exercices à suivre pour pouvoir supporter une souffrance inévitable et quotidienne.

Nous avons définitivement tourné le dos à ces pratiques. La douleur n'est pas une compagne nécessaire, parfois désirée pour prouver sa force d'âme, mais un obstacle à négocier, à franchir, à supprimer si l'on peut. Ainsi, les soins palliatifs accompagnent-ils le mourant de toutes les manières, en adoucissant la souffrance physique, par sédatifs ou narcotiques, et en préparant le sujet, ainsi que son entourage, en leur proposant des adjuvants psychologiques. Le droit même s'en mêla et légiféra sur l'obligation hospitalière de comporter des unités où ces soins sont dispensés. L'agonie passa de très dur à plus doux.

Propreté, hygiène

Avant, nous faisions la lessive deux fois l'an, au printemps et à l'automne ; en langue d'oc, la mienne, cette cérémonie s'appelait la *bugado.* Les chemises, de jour et de nuit, les mouchoirs, les draps et les nappes, bref, le linge dit blanc, les femmes les lavaient avec les cendres, accumulées l'hiver dans la cuisinière et la cheminée, ou l'été dans les champs où l'on brûlait le chaume ; ces cendres, paraît-il, contenaient de la potasse. La périodicité de cette grand-messe semestrielle signifiait que nous ne changions les draps de nos lits que deux fois l'an, ainsi que nos chemises sur le dos, et nos mouchoirs dans les poches. Exigeante et ravie, ma grand-mère désirait que, de ce tas isabelle, je veux dire immonde, sortît de la lessiveuse, en fin de bouillon, une coulée *cande.* Elle parlait latin, comme tout le monde, et, par ce mot d'oc, voulait dire : candidement blanche.

Je ne me souviens pas que le coiffeur changeât la serviette qui couvrait nos épaules pendant la tonte, à chaque client. Il secouait bravement le linge, vite gris, pour en faire tomber sur le sol les cheveux du précédent, que nous piétinions sans y trouver malice, et criait : au suivant ! Qui, soir et matin, se brossait les dents ? La plupart des hôtels ne disposaient ni d'eau courante ni de douche ; un broc à eau, pour les ablutions, et un pot de chambre, dans la table de nuit, voilà tout. On vidait ce dernier dans le seau et le seau dans la toupine qui passait le matin dans les rues. Dans les lieux d'aisance, la chasse d'eau fut inventée, à Londres, en fin de XIXe siècle et ne se généralisa que cinquante ans plus tard. Avant, on pissait où l'on pouvait, on chiait partout, un peu comme en Inde aujourd'hui se pratique l'*open defecation.* Les chroniqueurs racontent même qu'au château de Versailles, au Grand Siècle, on ouvrait rarement une porte sans étaler en éventail de fétides traînées courtisanes. Les plaies infectées, les paysans de mon pays les soignaient avec de la raclure d'évier ; ces moisissures contenaient, paraît-il, du *penicillium.* En 1897, déjà, un médecin français nommé Duchesne avait écrit une thèse sur l'antagonisme du microbe et du moisi. Bien sûr, nos ruraux l'avaient aussi peu lue que les professeurs de faculté mais, inversement, le docteur en question ne faisait que décrire les mœurs étranges de ces braves gens.

Chimique et théorique depuis Pasteur, dès le XIXe siècle, ou, avant lui, depuis Semmelweis, l'hygiène ne devint une pratique généralisée que longtemps après 1950. En ces dates de mon enfance, le magazine *Elle* se lança non sans fracas en recommandant aux femmes de changer de culotte tous les matins. Chacun en riait sous cape, la plupart se scandalisaient, le reste trouvant impossible une telle exigence. Cependant, la renommée de cette revue vint de cet appel, qui inversa pour toujours le mot fameux de Bonaparte à Joséphine : « Je reviens de campagne, ne vous lavez plus ! » Et plût aux dieux qu'il y eût, en ces mêmes moments, une feuille semblable pour les mâles puants.

Les statistiques disent que l'espérance de vie s'accrut grâce surtout à cette propagation civile et soudaine de l'hygiène. Avant, nous vivions sous le règne d'Isabelle.

Femmes

Avant, les obstétriciens ne se lavant pas les mains, les mères mouraient en couches de fièvre puerpérale. Leur mortalité plus celle des nouveau-nés disparurent ou presque au long de ma longue vie. Mineures légales, les survivantes du désastre natal n'avaient pas le droit de vote, pas de carnet de chèques à la banque, devaient se couvrir la tête en entrant dans les églises et demander l'autorisation maritale pour toutes sortes de démarches.

De rares héroïnes faisaient des études supérieures ou manifestaient pour des droits que les mâles jugeaient indécents. Devenue veuve, Marie Curie, si géniale en physique et chimie qu'elle mérita deux prix

Nobel, dut endurer un douloureux calvaire parce que tels et tels journaux l'accusèrent d'aimer un amant ; je ne me souviens pas que l'on ait visé le mâle ; nos mémoires de machistes oublient cette injuste douleur. Je n'ai pas souvenance qu'Édith Cresson, promue plus tard Première ministre, ait été mieux traitée par les journaux français. Nos livres d'histoire publient encore ce mensonge que notre pays, inconscient sur ce point, jouissait depuis plus d'un siècle du suffrage universel ; universel masculin, s'entend.

Avant, c'était mieux pour nos compagnes. Qui se levaient à l'aube pour mettre le bois ou le charbon dans la cuisinière ; une bonne heure avant que chauffe l'eau du café ; il fallait tuer la poule, la plumer, la vider avant de la rôtir ; la préparation des repas, la vaisselle, l'entretien du garde-manger, le nettoyage des dalles à grande eau, entre deux tétées du dernier-né, plus les maladies infantiles de ses frères et sœurs... Comment achever la liste des occupations qui écrasaient la mère et les filles à l'intérieur de la maison ?

Petite Poucette elle-même s'en souvient à peine !

Mâles au travail

Avant, pour les mâles, dehors, le travail à la main faisait la règle générale : pelle, pioche, fourche, hache, pic ou rivelaine, faux. Pendant la guerre, ils obtinrent des cartes d'alimentation au titre de travailleurs de force. Pas de mécaniques pour lever les charges, aucun moteur pour soulager la peine, tout au biceps, le dos courbé. Je me souviens de levers à quatre heures : entre cinq et sept, avant le casse-croûte, il fallait charger de sable, de gravillons ou de cailloux cassés les deux dix tonnes et le gros, de vingt tonnes. À trois ou quatre : un de chaque côté du camion, l'autre à l'arrière. À la pelle pour le sable et le gravillon, à la fourche à neuf brins pour les cailloux cassés. Le temps de déjeuner, les trois camions revenaient à vide et nous recommencions. Le chauffeur, parfois, nous donnait un coup de main. Vingt ans après, bénédiction : une bande transporteuse permit que le poids de la pelle ne montât plus au-dessus de la tête, mais restât au ras du sol. Paradis. Vingt ans après encore, fourches et pelles se rangèrent derrière le garage, on n'en entendit plus parler, tracteurs et pelles mécaniques courant et roulant sur les chantiers. On vit même les pioches remplacées par les marteaux-piqueurs. Super-paradis. Sauf pour les oreilles. Le bruit se substitua aux sueurs.

Avant donc, mariniers de métier, pratiques avisés de la turbulence d'eaux furieuses, nous ne connaissions pas, bien sûr, un seul mot d'hydrodynamique ni de mécanique des fluides ; nous distinguions à merveille nos cailloux sans savoir de géologie et pouvions les briser le long de leur ligne de clivage sans compétence particulière dans la cristallographie ; nous prévoyions aussi chaotiquement les crues de mars ou d'avril que les experts en météorologie, sans connaître même ce mot ; nous maniions les aciers de concassage sans connaître la résistance des matériaux ; nous dressions les chevaux de trait ou reconnaissions tous les poissons du fleuve, aloses et mulets, sans savoir d'histoire naturelle ni de biologie, et, plus tard, allumions des machines à combustion sans connaître de thermodynamique et orientions nos grues de levage sans expertise de statique.

Privés de ces dominations théoriques et de leurs applications possibles, pannes, cassures et accidents multiples nous accablaient tous les jours, avant. Nous ne cessions pas de réparer, nous payions nos propres bévues. J'ai appris durement à évaluer le prix amer de la méconnaissance. À ceux qui affichent le mépris de l'intellect tout en cherchant, cependant, comme tout le monde, à résoudre leurs difficultés, conseillez d'essayer l'ignorance d'avant.

Intermède théorique. Chargé, bien plus tard, de préparer les normaliens à l'agrégation, j'écoutai un exposé, d'une haute volée d'abstraction, dit par un jeune savant promis à une destinée de star, sur la différence entre un travailleur manuel et un intellectuel. À l'époque, le marxisme régnait sans partage dans l'auguste maison et l'étudiant citait les génies obligés, Staline, Mitchourine, Mao… Au moment de la reprise, j'énonçai cette chose simple, qui mit en fureur la vedette en herbe, que le manuel se lavait les mains avant de pisser, alors que l'intellectuel le faisait après. Non seulement les militants et leur maître Althusser ne savaient pas un mot de science, même économique, et condamnaient pourtant avec mépris la mécanique quantique, ancienne déjà, et la biochimie récente, comme sciences non prolétariennes, mais, bourgeois de bonne souche, ils avaient rarement mis les mains dans le cambouis ou la boue. J'ai donc connu l'âge des ténèbres dans les plus hauts lieux du savoir.

En théorie, avant, c'était le bon temps.

La poubelle aux outils

Je reprends à l'ignorance, certes, mais même aux sciences d'avant. Car d'autres outils suivirent la pelle et la pioche aux champs d'épandage. Et pourtant, combien de fierté ai-je tiré de mon sextant ! Perché au haut de la passerelle, nous, je veux dire Grand-Papa et moi, prenions, à midi, hauteur du soleil et, au crépuscule, l'angle d'une étoile. Rentrés dans la chambre à cartes, nous compulsions la table de log et nous adonnions à des calculs complexes dont l'approximation donnait, à la fin, un point seulement probable. D'erreurs en erreurs, quelle chance, nos calculs nous menaient à bon port.

Mousse ou amirale, Petite Poucette consulte désormais son GPS, dont le dessin lui donne immédiatement sa position, où qu'elle soit, avec un degré de précision quasi infini. Elle ne se perd jamais, d'autant que, parfois, une voix se joint à cette carte – carte dont le schéma en temps réel se superpose au paysage, territoire ou mer jolie – et lui conseille gentiment de tourner à gauche ou à droite, si elle ne se trouve pas sur la bonne voie. Le sextant à la poubelle, avec la pioche et la pelle ! Plus besoin de se tromper dans des calculs datés.

Avec pelle, fourche et sextant, la poubelle, débordante, contient mille outils perdus, tous ou presque témoignant de vieux métiers manuels à intenses efforts musculaires : voici, en vrac, au milieu des rejets, les manivelles, bien nommées, de toutes tailles, propres à faire démarrer la voiture, moudre le café, presser la purée, remonter du tourne-disque ou du réveille-matin les ressorts ; le répondeur du téléphone et les fiches que la postière manipulait pour mettre en communication les appels ; les ciseaux du sellier, pour découper le cuir ou le coudre, les tenailles du maréchal-ferrant, pour clouer le fer des chevaux, porté au rouge cerise ; la masse du forgeron et son enclume ; les ampoules, pour la scarification ; la plume Sergent-Major et l'encrier placé dans le creux du pupitre... et des pâtés plein les doigts et sur la page ; le seau à charbon qu'il fallait monter de la cave à l'étage ; la guêpière de la crémière et le gibus de son chaland ; le travail, fait de poutres en bois, où entraient les bœufs dont il fallait brûler la corne des sabots...

… plus le panier virtuel où gisent les trente-sept mille mots qui différencient le dernier dictionnaire de l'Académie française de celui qui paraîtra dans quelques mois. Au cours des siècles précédents, et cela depuis Richelieu, chacun de ces lexiques ne se distinguait du suivant que par trois ou quatre mille mots. Entre les générations précédentes, la langue française resta relativement stable ; la voici bouleversée entre Ronchon et Poucette. Qui s'étonnera, dès lors, qu'ils aient du mal à s'entendre ? Parlerons-nous bientôt une langue aussi différente de celle que je sers en cette page que celle-ci diffère de la langue qu'écrivaient les chroniqueurs du Moyen Âge, dite ancien français ? Comme la nôtre, toutes celles du monde, sans exception, passent, en ce moment, par ce même changement de phase qui touche principalement les métiers, les nouveaux matériaux, les outils qui paraissent et qui meurent.

Lavandières et battoirs

Nous draguions les cailloux de Garonne en aval du pont de Pierre, au centre d'Agen. Le bateau quittait rarement le milieu du fleuve, alors que la rive droite demeurait le royaume incontesté des lavandières qui essoraient des draps isabelle à grands coups de lattes en bois. Je ne suis pas sûr, enfant, d'avoir compris tous les mots qu'échangeaient au passage battoirs et bateliers, tous grandes gueules, alors que nous embarquions sur la sablière, à potron-minet, pour rejoindre le ponton. On les disait hauts en couleur ; je devais être daltonien. En tout cas, nos instits ne les disaient pas, dans nos classes d'école primaire ; mon frère et moi ne travaillions que pendant les vacances. Bercée par mes vieux amis, forçats du sable et du propre, cette scène quotidienne enchante mes souvenirs d'enfance, gommés bienheureusement par la machine à laver le linge et l'écologie des eaux.

Sauf que, draguée en restant saine, Garonne lavait donc le linge et que, vierge de drague, elle est polluée. Ou bien : étions-nous moins regardants sur la limpidité du courant et la candeur des culottes ?

Grue

Elle datait d'Ève, notre vieille chèvre. À force de soulever des bennes de cailloux, elle n'en pouvait plus et devenait dangereuse. À la casse, elle aussi. Notre journal professionnel annonça que le port de Bordeaux venait de réformer un lot de grues démodées, fatiguées elles aussi de vider les cargos. Mais la plus ancienne de la grande ville et des gros bateaux de mer valait bien une fiancée neuve pour nos sablières d'eau douce. À la vente aux enchères, nous en décrochâmes une, superbe, élancée, dotée d'une flèche vertigineuse, à faire rêver. Mais il fallait la transporter de l'arrière-port vers notre chantier, situé à deux cents kilomètres de là.

Aidés d'un expert du port dénommé Pantaleone, remarquable par sa main de cuir, nous mîmes huit jours à la désosser en quatre : le socle, aux entretoises d'acier ; l'habitacle, au-dessus, vêtu de lattes de bois, avec le moteur, les commandes et la loge du grutier ; le contrepoids, au cul, plein de débris de fer, rouges et pissant la rouille ; la flèche enfin, oblongue, élégante, ajourée, flexible, effilée aux deux bouts. Avec une remorque basse, pas de difficulté pour le portage des trois premières parts. Mais la flèche…

Notre père s'en désintéressa. Il conduisit le cortège du socle et de l'habitacle sur la nationale, avec l'orgueil des convois princiers. Il nous laissa sur le port, mon frère et moi, avec une Aronde Simca et un camion vingt tonnes Willème à benne levable. Pour cent sous et l'apéro, Tiburce, perché sur la grue voisine, voulut bien déposer l'aiguille dentelée sur le poids lourd et nous aider à la câbler solide. Son avant dépassait de loin la calandre du camion et son arrière traînait bien au-delà de l'arrière même de la benne, comme une queue-de-pie pour noces et banquets. Nous vîmes vite que le moindre virage demandait tant de rayon qu'il était impossible de traverser Bordeaux pendant le jour, en raison de la circulation, de la foule et de la police. Nous quittâmes donc le quai à l'heure creuse, vers deux heures du matin. J'avoue que nous endommageâmes quelques becs de gaz, que nous laminâmes autant de murs, que nous caressâmes de beaux édifices publics ; sur certaines places, nous faisions dix manœuvres avant de passer. Nous sortîmes de la ville à la pointe de l'aurore, ni vu ni connu. Nous nous relayions au volant, d'heure en heure, l'un conduisant le vingt tonnes, l'autre l'automobile, devançant la bête pour ouvrir la route. À cette époque d'avant, je ne crois pas qu'il existât de législation concernant ce que l'on appelle aujourd'hui précautions et convois exceptionnels. Pas de loi ni de gendarme, chacun prenait ses risques, librement, je veux dire follement.

Nous avions vingt ans, nous en prîmes notre soûl. Car, lourde comme un chêne mais souple comme un roseau, la flèche frémissait, se balançait au gré de la vitesse du camion et des ressauts de la route. Nous faillîmes la perdre dix fois car elle se conduisait comme un ressort colossal, aux caprices impossibles à maîtriser. Bien entendu, évitant la route nationale, nous cheminions à travers la forêt des Landes, moins passagère. Notre convoi arrachait les frondaisons et nous dûmes souvent nettoyer les bouts de la flèche des branches qu'ils moissonnaient. J'ai souvenir de villages où nous passâmes entre commerces et bistrots et où sa vibration, transmise par les nids-de-poule des rues trouées, menaçait de faire chuter la gueuse sur les buveurs et les badauds qui admiraient la procession.

À moins de cinq à l'heure, le voyage dura trois jours et deux nuits. Nous arrivâmes hagards, affamés, sans sommeil, délivrés, orgueilleux. Notre père ne posa pas de question. Il fit remonter la belle bordelaise sur notre quai de Garonne. Depuis, je ne pouvais pas la voir pivoter gentiment sur son axe, balançant un bac de sable en bas de son câble, comme madame tient son sac à main du bout des doigts, sans revoir en détail ce transport de la peur.

J'étais à l'époque en première année de l'École normale supérieure, où mes études philosophiques se partageaient entre Plotin, mystique grec, et Husserl, penseur de langue allemande aux grimoires duquel je n'entendais goutte. J'avais pour partage Sorbonne et salopettes, cailloux et transcendantal, le plus dur et le trop doux.

Quelque temps plus tard, midship sur le port de Djibouti, je dus, privé, à quai, de tout engin de levage, embarquer aux fonds de notre fragile unité de débarquement une hélice de croiseur de taille colossale. Je préparais la manœuvre, lorsque le pacha descendit de ses appartements pour déclarer tout haut, en me regardant de haut : « Pas d'intellectuel, les pieds dans ces câbles ! » et il se retira. Nul ne fit attention à ces dires, les matelots ne comprenant point à qui s'adressait cette apostrophe sophistiquée. Lorsque l'hélice fut enfin saisie à poste, dûment arrimée à fond de cale – car ses pales aux extrémités ultrafines pouvaient, si un fort roulis les délivrait de leurs entraves, découper la coque et faire couler le navire –, le commandant demanda qui féliciter pour avoir dompté cette bête sournoise. Je levai les yeux vers un ciel d'immortelle ambroisie : « Paré, commandant, répondis-je. Nous la soulevâmes, Dieu l'assujettit. »

J'ai connu, depuis, sur des chantiers géants, de ponts ou de barrages, des moyens de levage tels que j'ai honte de raconter de tels archaïsmes.

Roi de l'émouchette

Autre antique vantardise : je descends d'un seigneur. Astucieux en diable, l'un de mes arrière-grands-parents fut couronné par ses pairs laboureurs roi de l'émouchette. Qui comprend ce terme-là ? Sous le joug, les bœufs ne pouvaient chasser les mouches de leur museau ni avec la queue ni avec les oreilles, à peine avec la langue, assez longue cependant pour atteindre les naseaux. Ces pauvres bêtes souffraient donc de ces méchants insectes qui se multipliaient d'autant sur leurs yeux et leur gueule qu'aucun obstacle ne suspendait leur vol.

Le seigneur en question n'inventa pas l'émouchette, tissu largement ajouré que l'on fixait aux cornes et qui pendait devant le museau, pendant que le bœuf, tête immobile sous le joug, labourait ou traînait une charrette : les mouches ne pouvaient traverser les mailles de ce filet qui n'aveuglait pas la vue bovine. Mais il inventa de les fabriquer à bas prix – dites *low cost,* c'est plus *in.* Par wagons entiers, il se procurait les retombées des filatures du Nord et les envoyait par fer au bagne de l'île de Ré, où les précédait une machine de son invention qui mécanisait le tissage. Gratuits les restes de ces manufacturiers, gratuit le travail des forçats. Ces prisonniers, parfois, s'en donnaient à cœur joie et renvoyaient des tissus ornementés de dessins fastueux ; oui, on voyait des émouchettes artistiques, de véritables chefs-d'œuvre de goût… Il arrosa donc de ces carrés ouvrés l'espace de la France rurale. À Montaigu-de-Quercy, Tarn-et-Garonne, mon ancêtre devint roi. Je m'enorgueillis d'être né l'un des nombreux descendants légitimes de ce seigneur, non des mouches, mais des émouchettes. Il fut riche pour le coin, respecté, salué, recherché, encensé.

Pas longtemps, hélas, à la déception des héritiers ; car le tracteur expulsa des champs la vieille araire tirée par les bœufs, coiffés ainsi de ce loup translucide ; et l'on vit, juchés sur leurs engins, les agriculteurs se promener, sans plus de fatigue, le long des sillons, à l'abri dans leur cabine, écoutant de la musique. Ruinés, mon frère et moi gambadâmes, notre enfance durant, sur des montagnes d'émouchettes inutiles, invendues, accumulées dans la maison mère du prince déchu.

Quelle ne fut pas ma surprise, plus tard, de voir les Australiens fixer un voile transparent à la lisière de leur casquette ou aux bords de leur chapeau pour protéger leur visage de mouches envahissantes et cruelles.

Le dos paysan

Avant donc, la charrue avançait derrière une paire de bœufs ; d'une main, il fallait peser sur le mancheron et guider droit le soc le long du sillon, de l'autre, guider le couple bovin et le piquer au cul de l'aiguillon. Il fallait ramasser les patates à genoux dans le même sillon. Nous chantions de cueillir pêches et prunes, à l'automne, en haut des branches, redressés, comme soulagés. Depuis le néolithique, mes ancêtres souffrirent du dos, comme mes pères, mères et moi. La terre est basse, plus basse que les pieds, il faut se plier, se courber, se casser pour la travailler. Avant donc, les champs pullulaient de paysannes et de paysans, prosternés, comme s'ils faisaient leur prière à la déesse Terre. *L'Angélus* de Millet, peintre du dimanche et de la ville, les montra debout aux citadins ; juste le temps de réciter trois *Ave Maria*. Le reste du jour, le dos cassé, leurs reins criaient.

Ô Victoire, ils se sont relevés !

Depuis mon enfance, je n'ai plus mal au dos. Sauf quand je reste longtemps devant l'ordinateur, en compagnie de

Petite Poucette. Mais ce mal doux des signes ne peut se comparer au vieux mal dur, provoqué dans le corps par nos boulbènes battantes et le mancheron du labour. Avant on suait, on revenait le soir à la maison, éreinté. Aujourd'hui, le jogging, le stretching et autres supplices anglomanes suppléent l'absence d'effort. Mais le mal au dos, c'était beaucoup mieux

Le temps de travail ne cessant de diminuer, les cols blancs remplacent maintenant les cols-bleus d'avant. Mais les paysans, qui les remplacera ? Ils comptaient pour plus de la moitié de la population, au moment où naquit Grand-Papa Ronchon, Petite Poucette n'en compte, autour d'elle, depuis sa naissance, que 3,6 %. Vit-elle vache vêler, entendit-elle naître couvée ? Huma-t-elle du fumier l'odeur délicate ? Connaît-elle encore les pères nourriciers de l'humanité ?

Pensionnats

À propos de ce parfum d'étable, je chante mon passé de pensionnaire, dortoirs, études, réfectoires. Au collège d'Agen, nous dormions à trente, à soixante au lycée de Bordeaux, à plus de cent au centre du Quartier latin, rue Saint-Jacques, à Louis-le-Grand ; je ne compte pas les hamacs serrés de mon poste d'équipage ni mes chambres d'hôpital où gémirent mes voisins. Je chante donc lavabos, douches et chiottes, tous communs. Pas question de se laver après le cours de gym ni à la fin des rencontres, basket, athlétisme ou rugby ; nous rentrions suants à l'étude, au cours, dans nos lits. Le premier couplet de cette chanson de geste concerne donc l'odeur, compacte au dortoir, puissante au réfectoire, où le fumet du menu et de la vaisselle s'ajoutait à celui des aisselles, plus aérienne en classe, où les externes ajoutaient le parfum d'enfants choyés par la mère, habillés chic et baisouillés le matin, à notre population en blouse grise, en galoches souvent, sans papa ni maman.

Certes, nous jouissions d'une liberté, celle de prendre une douche à cinq heures du matin, une fois la semaine ; un surveillant, qui possédait la clé, ouvrait le verrou de la porte close, tapait dans ses mains et criait, pour nous réveiller : la douche ! la douche ! Devinez combien de héros, parmi nous, se levaient, traversaient en courant, quasi nus, les deux cours qui séparaient nos lits du bain, surtout parmi les aubes noires de novembre à mars, frimas, bise et verglas. Le second couplet, plus discret, décrirait la répugnante horreur des cabinets, plus les conduites cachées induites par ces lieux, ailleurs dits d'aisance. Mais j'ai déjà parlé de nobles traînées.

Ai-je vécu plus en communauté que là ? Jamais seuls, sauf le soir, dans le noir du lit, avant de s'endormir, au milieu des cris, des ronflements, des plaintes, des chahuts, de l'odeur. Solitaires, jamais isolés. J'y ai connu d'affreux temps d'esseulement, mais aussi quelques heures de paradis, entouré d'une fraternité vraie, que j'ai peu connue ailleurs, sans doute conditionnée par l'ascétisme des travaux forcés et la joie intense de supporter une telle vie ensemble.

Enseignant plus tard à la Santé, je m'étonnais à peine que l'architecte qui projeta cette prison fût le même que celui qui dessina la cour et les galeries du lycée où je passai de si délicieuses années. Entré dans l'une, je reconnus tout de suite l'autre. Pensionnaire, prisonnier.

C'était mieux dedans.

Les voyages ordinaires

Et dehors ? Parti de Liverpool, le père de mon beau-frère mit six mois, à la voile, pour atteindre San Francisco par le cap Horn, pot au noir compris ; sa goélette portait, sous voile, trois cents tonnes de ciment pour réparer les destructions provoquées par le séisme de 1906. Embarqué plus tard sur un vapeur, une panne de l'hélice le retint six mois dans un port de l'Inde ; il eut le temps de visiter l'Himalaya. Bloqué par la guerre sino-japonaise à Shanghai, puis par le conflit mondial, il ne vit pas sa famille pendant plus de dix ans ; restés en France, sa femme et ses enfants vécurent d'expédients. Veuve et veuf géographiques.

Exportateur de fruits et légumes dans les Bouches-du-Rhône, mon ami mettait huit jours, dans les années 35, pour aller à Édimbourg voir ses clients : arrivé de son village en voiture à cheval, il couchait à Marseille ; débarqué du train, gare de Lyon, couchait à Paris ; prenait le ferry pour traverser le Pas-de-Calais ; dormait à Douvres ; dormait à Londres ; dormait à Édimbourg ; les correspondants écossais le faisaient achever son périple à cheval, comme il l'avait commencé. Combien d'heures, aujourd'hui, pour le même parcours ?

Jeune étudiant dans les années 50, je partais d'Agen, Lot-et-Garonne, à 17 h 30, par le train omnibus, pour arriver à Paris-Austerlitz à 9 heures, le lendemain matin ; faute de places assises, je passais la nuit debout dans le couloir... Périgueux, Limoges, La Souterraine, noms propres éraillés au porte-voix dans mes rêves éveillés. Au débarqué, je me sentais frais comme une rose de printemps, d'autant que, par la fenêtre, que j'ouvrais de temps à autre, pour respirer mieux que les odeurs intimes du wagon, j'attrapais, plein les yeux, des escarbilles vomies de la locomotive par la cheminée.

C'était beaucoup mieux.

Communications

Avant, je fus matelot. Embarqué pour un temps dans un port de Somalie, j'écrivais à ma fiancée que son travail attachait à Bordeaux, Gironde. Deux villes portuaires, assurance donc de liaisons rapides ! Les lettres nous parvenaient au terme d'un petit mois de voyage. La belle répondait gentiment à mon état d'âme du moment ; et je réagissais avec grâce à l'état correspondant de son sentiment. La distance faisait que chacun avait, dans l'attente, oublié ou quasi l'émotion délicate et fragile que l'autre décrivait. Un grimoire difficile à déchiffrer codait donc chaque missive. On aurait dit qu'Hermès n'était pas encore né !

Je ne pouvais imaginer alors le miracle du portable, où soupir et aveu traversent l'espace comme la lumière, quels que soient l'écart et la distance. Les émotions se répondent, les sentiments fusionnent. D'où vient que la correspondance d'amour naquit récemment, à l'heure de mes cheveux blancs. Maintenant, tenant en main ton âme, chante Petite Poucette, en Australie, à son Petit Poucet de Mantes-la-Jolie, qui tient la sienne réciproquement et l'enchante.

Où sommeillent, ô Sévigné, les malentendus d'antan ?

Avant, nous vivions isolés dans un espace partout disparate et morcelé. Nous savions peu de la vie à la ferme voisine, quelques détails du village, quasi rien du chef-lieu ; que pouvions-nous apprendre de Paris et de l'étranger, sinon par des rumeurs ? La propagande politique accentua, pendant la guerre, cette brisure de communications. Je ne connais personne qui ait entendu vraiment le fameux appel gaullien du 18 juin. Chaque belligérant inondait de parasites les émissions de radio diffusées par l'adversaire. Tout message nous parvenait brouillé. Restaient les mensonges des on-dit. L'absence d'information accula bien des gens à de mauvais choix et à des crimes, parfois ; pardonnez à l'ignorance plutôt que d'accuser la pire volonté. Voilà pour l'information.

Plus tard, j'eus à mesurer les distances au savoir. Mieux valait habiter Paris ou une grande ville pour accéder aux bibliothèques, aux universités, aux centres documentés. Un renseignement, une citation pouvaient coûter des journées de voyage et des heures de recherche. Clic, aujourd'hui, un centième de seconde pour le même résultat. Science concentrée avant, ici et là, mais rare ailleurs, savoir désormais distribué presque partout.

Oui, Petite Poucette sait tout. En information, pas toujours en connaissance.

Concentrations et distribution

Avant, tout se trouvait concentré. Les hommes en villes, des tonnes d'or dans les caves de la Banque de France, les chefs-d'œuvre aux musées, les eaux derrière les lacs de barrage, les livres en bibliothèques, les expériences en laboratoires, le ciel dans les observatoires, les gosses dans les cours d'école et les salles de classe, les grands dans les amphithéâtres des universités, le public au cinéma, les soldats en casernes, les clients dans les grandes surfaces, les malades à l'hôpital, les marchandises dans les dépôts, les députés à l'Assemblée nationale, les dirigeants à l'Élysée, la Maison-Blanche, le Capitole ou le Kremlin, soulignez les majuscules… comme si le capital se généralisait pour toutes choses en dépôts divers. Qu'il s'agisse d'argent, de marchandises ou de puissance… tout circule désormais sur un immense réseau de distribution, où chacun dispose de l'information. Flux a battu stock. Information, c'est-à-dire doux, a battu énergie, c'est-à-dire dur.

Moins de concentration… où va passer le pouvoir ? Dans les concentrations de données ?

Et quand Grand-Papa Ronchon voulut faire maintenant comme avant, il fit construire, à frais gigantesques, quatre tours géantes où il entassa les livres d'antan, bâtiment semblable à ces cadrans solaires érigés, en Inde, au XVIIe siècle, par des maharadjahs experts astronomes, ignorant que, loin derrière l'horizon d'ouest, un certain Galilée venait d'inventer la lunette astronomique, dont la précision rendait ces cadrans désuets ; très vite les singes gambadèrent à travers les hautes murailles et les axes vite vacants. Grand-Papa n'avait-il pas entendu ses proches ou plutôt ses petits-enfants lui parler, à table, de Wikipédia et autres moteurs de recherche, dont la souplesse rapide procure à chacun toutes les pages désirables sur l'écran, chez soi ? Ronchon faisait-il taire Poucette ? Elle n'habitait pourtant point à des milliers de kilomètres de lui ! Lisons dans l'avenir une image du passé : en ces tours de Seine les rats gambaderont-ils, ivres de livres, comme ricanent, en Inde, les singes astronomiques ?

Provenance alimentaire

Avant, à table justement, nous buvions et mangions naturel et authentique, disent les Ronchons. Ah ! la provenance ! On savait d'où venait le lait : de l'étable de Grégoire, où nous allions parfois l'aider à traire Marquise ou Bonnette, toutes blondes d'Aquitaine. Mais le bon fermier, près de ses sous, n'appelait pas souvent le vétérinaire et repérait moins vite que lui les maladies du bétail. Ainsi, dès l'âge de vingt ans, je contractai la fièvre aphteuse. On n'en meurt pas. Non, ce n'est pas la peine de sacrifier, pour elle, des milliers de bovins. Une fièvre de cheval vous prend pendant deux semaines, pendant lesquelles bouche, langue, gencives et palais, se remplissent d'aphtes si douloureux que boire et manger virent au supplice. Personne à la maison ne songea une minute à reprocher quelque faute à Grégoire, qui continua comme devant à vendre son lait au marché couvert de la ville. Pas d'épidémie notable, que je sache.

Ah ! la provenance ! On savait parfaitement d'où venait le jambon : le porc, engraissé à la ferme de Poulère, nous le tuions l'hiver, pendu par les pattes arrière, au cours de la fête saisonnière nommée *cuisine du cochon*, à la maison, qui retentissait de ses cris déplorables. Après que la cuisse avait passé, pendue elle aussi, de longs mois à la cave, il fallait un couteau pointu pour en dénicher les vers, entre l'os et le gras, et tenter de déloger nos concurrents directs dans la manducation de la viande. Qui niera que cette présence préservait, favorisait même la biodiversité ?

Ah ! la provenance ! Quant au pain, sa farine coulait du blé que nous moissonnions et que nous portions au moulin.

Un matin, à déjeuner, j'ai même trouvé la chique du mitron dans la mie de ma tartine, sous l'absence de beurre. Alors, oui, nous protestâmes à la boulangerie. Et le vieux pétrisseur éclata de rire : « Vous n'y connaissez rien ! À la température du four, mes microbes, si j'en porte, et j'en doute, sont assassinés par la chaleur ; vous ne risquiez pas d'attraper ma chaude-pisse ! »

Nous contractions donc la chiasse en famille au moins six fois l'an. Nous avons crevé de faim pendant la guerre, plus quelques années après l'armistice ; les macaronis que nous mangions, pensionnaires, à la cantine du lycée, fourmillaient d'asticots. Ah ! la biodiversité.

Avant, c'était copieux, mieux, délicieux.

Ah ! la provenance ! Dans notre coin gascon, sans élevage notable, nous consommions, en fin de repas, du cantal, dont des Auvergnats de passage, descendus de leur nord montagneux et lointain, faisaient commerce ; persuadés de son unicité solitaire, nous l'appelions « fromage de table », non point donc par son nom propre, mais par le nom commun à ce produit laitier. Les amis normands mangeaient du pont-l'évêque et les Savoyards du reblochon, avec, sûrement, la même conscience de l'exclusive. Autrement dit, avant, chacun tenait dans son coin son fromage.

Je me rappelle avec délectation à quelle vitesse se mirent à circuler, après guerre, les fourmes, pyrénées, cancoillottes, saint-nectaire, pont-l'évêque… L'étal du BOF ressembla tout d'un coup à une carte de France où le général de Gaulle découvrit, en même temps que ses sujets, leur diversité odorante, culturelle, ingouvernable, disait-il. Le mari de tante Yvonne semblait ne pas se résigner à la diversité.

Stupéfait devant une table de Belges, mon grand-père, un matin, s'exclama : « Michel, viens vite voir, ils mangent du beurre ! » Il s'extasiait devant un spectacle pour lui incongru. La France, en effet, se divisait : oïl beurrait ses tartines, alors qu'oc huilait la croûte, avec – *Ave* – une pointe d'ail. Avant, nous avions une ethnologie.

Langues et accents

Cette pointe d'ail, nous l'émettions aussi en bout de langue. Nous nous comprenions aussi peu, je veux dire avec autant de frontières langagières qu'en comportait la carte des fromages. Né du côté de Château-Thierry, mon ami Philippe, descendu de Champagne pour me rendre visite en Gascogne, demanda son chemin dix fois sans se faire comprendre et sans entendre la réponse. Il va sans dire que, dans ces dialogues, les interlocuteurs parlaient le français. Sur la carte de nos départements, les accents dessinaient un chaos cacophonique tel que le Jura ou les Ardennes devenaient, pour un Aquitain, inaccessibles ou quasi.

Pour mon accent occitan, j'ai reçu plus d'humiliations qu'un Iroquois en terre persane ou un Africain dans le *Deep South*. À l'oral de l'École navale, l'examen auditif, où il fallait s'exprimer à haute et intelligible voix, souleva autour de moi des rires inextinguibles, entretenus savamment par le médecin examinateur qui, sans se lasser, me faisait répéter : quarante. Je fus rétrogradé au classement d'agrégation, le président du jury, philosophe notable, arguant que je n'étais pas exploitable sur la totalité du territoire. Je ne doute pas qu'il eût raison, puisque nous ne nous comprenions pas les uns les autres et qu'à mon premier poste, en Auvergne, les étudiants disaient en silence que je devais être italien. À Paris, pour me présenter devant n'importe quel guichet, de poste, de gare ou de théâtre, je devais m'exercer longuement à prononcer les mots avec assez de « francité » pour que l'on veuille bien accéder à ma demande sans éclater d'abord de rire, comme chacun fait à Londres, à Cardiff ou à Édimbourg lorsqu'il change de Grande-Bretagne, ou à Milan et Brindisi quand il change d'Italie. Je ne suis pas sûr qu'un beur, qu'un immigré, africain ou roumain, trébuchant sur ses mots, se sente, aujourd'hui, plus humilié que je le fus naguère pour cette question de voyelles chantées. Petite Poucette a l'oreille plus différentielle que les Pépés d'antan, qui ronchonnaient de m'entendre.

À une soutenance de thèse, en Sorbonne, j'ai entendu des membres du jury faire rire l'assistance de l'impétrant, au demeurant expert mondial en sa matière, pour sa québécoise voix. Ce savant canadien, ces maîtres parisiens le traitaient d'Indien de la plaine. *Speak white,* criaient, là-bas, les anglo-saxophones à ces francophones. Mon ami de l'université Laval se trouvait, pis que moi, humilié à Paris tout autant que chez lui. La télé gomma cela. La mode a choisi d'ouïr Québec et Gascogne avec moins de vergogne.

Habits et couchage

De la voix aux deux pieds, voici nos souliers. Avant, leur cuir dur blessait talons et chevilles. Pour assouplir ces godillots, il fallait marcher des semaines pendant lesquelles nos orteils fleurissaient d'ampoules, cors et durillons. Les riches, disait-on, faisaient porter deux mois ces godasses à leurs valets afin qu'ils les rodassent.

Savantes là aussi, ces dernières décennies adoucirent tous les vêtements ; même les coques de haute montagne, auparavant fondues en plastique raidasse et blessant, paraissent désormais à nos orteils de véritables charentaises fourrées.

Quelle baguette de fée métamorphosa en pantoufles de vair nos pieds nickelés d'antan ?

Les lits. Non chauffées, les chambres à coucher restaient glaciales tout l'hiver. Entrer dans le lit, entre des draps humides et froids tenait de l'héroïsme. Les paysans de chez nous avaient inventé un petit bâti oblong de bois léger au milieu duquel ils suspendaient une cassolette pleine de braises tirées du foyer entretenu à la cuisine. Miracle, on pénétrait dans une couche paradisiaque et tiède ! Voici le terme aquitain qui décrivait l'opération : on bassinait le lit avec un *moine*. Pourquoi moine ? Pépé Michel ne sait pas tout.

La débâcle avait entraîné vers le sud des populations de langue d'oïl, picarde ou alsacienne. Passé l'armistice, elles revinrent chez elles. De sorte que, rapatriée dès la Libération dans son Paris natal, telle jeune fille blonde et raffinée voulut acheter un moine dans une quincaillerie du VIe arrondissement. « Un moine s'écria, interloqué, le commerçant, sans doute anticlérical. Pour quoi faire, demoiselle ? — Mais pour mettre dans mon lit », répondit-elle, naïvement virginale.

Sexualité

Virginale, dis-je. Avant, on ne parlait jamais de ça. Tabou. Si l'on avait l'estomac brouillé par la nausée, il fallait dire qu'on avait mal au cœur ; au milieu du siècle, nos compagnes découvrirent le soutien-gorge, celle-ci disant les seins. Pour ne pas parler du bas, les mots du corps remontaient de la ceinture vers la tête. Plus bas que l'estomac, *terra incognita.* Les illustrations des manuels d'histoire naturelle montraient des nus à l'entrejambe désert ; ou couverts d'une feuille de vigne. Pourquoi la vigne et pas le platane ou le bananier ? Réservé à l'argot, à quelques étudiants, aux salles et aux corps de garde, un vocabulaire spécial, des chansons paillardes et des histoires à la Rabelais servaient à la jeunesse et à quelques écrivains d'égout libérateur.

En ville et à la piscine, les femmes se dévoilèrent lentement. La plupart des garçons et des filles nubiles arrivaient au mariage dotés d'une ignorance abyssale concernant cette région. Une héroïne de la Résistance, assez notable par ses faits d'armes pour que son nom ait été donné à une rue de Paris, institutrice de son état et enceinte de six mois, demanda, pendant la guerre – c'est son obstétricien qui le raconte –, par où passerait l'enfant à la naissance ; l'expert lui répondit qu'il sortirait par la voie qu'empruntait parfois son mari ; elle s'en montra surprise, immensément. Notez qu'à l'école primaire, elle expliquait aux écoliers la petite graine qui fait que les arbres et le blé se reproduisent. Un autre gynécologue célèbre allait citant des couples, mariés depuis des années, venus le consulter pour stérilité mais avouant, après quelques questions, qu'ils faisaient l'amour par le nombril. L'éducation sexuelle des élèves paraissait inconcevable, voire perverse. Et les divorcés n'avaient pas bonne presse.

On ne parlait jamais de viol. Bien entendu, dans toutes ces affaires, l'on jugeait surtout la culpabilité des femmes, le mâle gardant le droit de se conduire comme un coq. Les chiffres concernant la maltraitance sexuelle des adolescentes, en famille, ne furent publiés que récemment. Il n'y a pas si longtemps, non plus, que nous découvrîmes avec effroi qu'une femme mourait tous les deux jours des sévices du mari ou de l'amant, et que deux enfants par semaine expiraient sous les coups des parents. Encore un coup, le meurtre du père ! L'éloge de la famille ne parlait jamais de ces drames intimes.

Avant la guerre et longtemps après, la vérole et autres maladies vénériennes faisaient rage et tuaient un pourcentage notable de la population, sans guérison possible ni connue. Elles semaient une telle terreur que tout ce silence, toute cette hypocrisie s'expliquent sans doute par elle. Par peur, il fallait mettre la famille, sacrée, en lumière et le sexe, ignoble, à l'ombre.

La fée électricité

L'ombre. L'électricité se répandit fort lentement. À la gare d'Austerlitz, dans les années 50, les voyageurs pouvaient lire, sur les murs du quartier, des affiches exigeant que la lumière et le chauffage parvinssent à ces bâtiments et qu'ils fussent connectés au réseau. Avant cet événement souvent tardif régnaient le froid et les bougies. Les riches se payaient des lampes à pétrole qui, âcres, filaient, fumaient, puaient. Quand nous avancions dans un couloir glacé, candélabre en main, le vent de la marche faisait osciller la mèche de la chandelle et la flamme projetait sur les murailles des ombres dont la danse terrifiante évoquait des djinns, des elfes, des fantômes et des larves surgis tout armés des ténèbres alentour. Comme ledit siècle des Lumières s'éclairait encore à la bougie, seule l'arrivée de l'électricité chassa définitivement les terreurs de la superstition. Qui aujourd'hui se souvient de ces longs temps noirs, pourtant de nous si proches ? Grand-Papa Ronchon le Sombre ?

Laideur et beauté

Deux ou trois petits pas en faveur de lumière Grand-Papa. Tout n'est jamais d'un seul côté. Tenez, visitons ensemble les entrées de nos villes, grandes ou petites. Jadis, nous passions par là, je veux dire du rural à l'urbain, continûment et même avec une finesse extrême. Encore de l'herbe, déjà des murailles ; encore un peu de blé, de vigne ou de pacage, déjà les pompiers dans leur casernement. Le paysan ne se dépaysait pas, le citadin s'installait déjà ; transitant doucement l'un vers l'habitat de l'autre, tous deux se délassaient en traversant ce sas aimable, parfois même délicieux ; celui de Pau ne ressemblait point, béarnais, à celui, alsacien, de Mulhouse et les entrées à Brest même différaient, bretonnes, des pénétrantes vers Agen même, gasconnes.

C'était mieux avant assurément. Car désormais, quelle que soit la cité de France, l'horreur règne en ces lieux, uniformément. L'écriture y tue le bâti, la publicité y exhibe ses ignominies, hurlent les couleurs, écrase la laideur. Par quel miracle la douce France accepta-t-elle massivement d'être crucifiée sous les insolences brutales et répétitives des maîtres mondiaux de l'argent ? Comment se fait-il que des urbanistes, des maires, des architectes, pourtant élevés à contempler des cathédrales sublimes et des paysages divins aient oublié si vite le goût raffiné de leur pays pour copier aussi servilement l'états-unienne hideur ? Comment se fait-il qu'une foule raisonnable n'ait point démoli, de saine rage réveillée, ces abominations ? Avec la langue et le règne du fric, nous importâmes le mauvais goût ; et notre sens de la beauté en prit un sale coup.

Oui, Pépé, ici, c'était mieux avant.

J'en profite pour raconter Yvette, ma bonne amie de jeunesse. Elle habitait le quartier Valence, à côté des casernes, autrement dit la cour des miracles ; sa mère lavait le linge à Garonne et son père avait disparu. Les cent familles ne fréquentaient pas ces lieux où trois logements partageaient une marmite unique. Vingt ans après, Yvette s'était bien tirée de la mouise, avait épousé un camionneur et prenait ses vacances à Mimizan, en bord de mer, avec les gosses. Un beau matin, nous nous rencontrâmes et, après des bises mieux qu'amicales, voici qu'elle évoque le vieux temps. « D'accord, dit-elle, nous ne mangions pas du dessert tous les jours, mais, Michel, rappelle-toi, nous vivions ensemble. » Ensemble. « Oui, nous nous serrions les coudes, nous nous parlions toute la sainte journée ; maintenant, nous vivons seuls. » Et Yvette fond en larmes. Oui, Pépé, avant, nous jouissions de communautés ; chaotiques, fortes en gueule, chamailleuses, à culottes et robes trouées, mais aussi chaudes que fraternités.

Nous parlions ensemble en attendant

Avant, nous ne cessions d'attendre. D'attendre la moisson, le printemps, la pluie, les vendanges, Noël, d'attendre le courrier, d'attendre le retour de celui qui avait mis à la voile et dont nul n'avait de nouvelles, rien ne venait jamais, guérison ni satiété. Heureusement, nous lisions des romans-fleuves en plusieurs tomes, où l'héroïne, elle aussi, attendait l'amour. Mais, j'y pense : aussi vrai que Madame Bovary fit l'amour dix fois moins en réalité qu'au virtuel de ses rêves et de ses attentes, n'en est-il pas de même pour tout être humain ? Ne sommes-nous point virtuels dans les trois quarts de nos actions ?

Qui désormais comprend à quel point nous avons attendu, consumés de patience ? *Longitudine dierum replebo eum* : je le remplirai de la longueur des jours. Qui évaluera ce que les religions, les cultures, les littératures et les poésies, les morales, les philosophies, oui, toutes… durent à cette interminable suspension du désir ? Frustration, avez-vous dit ? Qui estime aujourd'hui à sa juste valeur l'accès universel, en temps réel, à tout lieu, à toute personne, à toute information, l'immédiateté de toute communication et, parfois, des assouvissements ?

Les médias

On racontait, dans la Marine, que Monsieur Escartefigue, alors maire de Toulon, acheta, pièce à pièce, la tour Eiffel, passé l'exposition universelle, au moment où l'on se préparait à la démonter. Il projetait de la reconstruire tout en haut du mont Faron ; mesurez la hauteur et la portée du feu porté par un tel phare ! Mais, débutante, la radio avait besoin d'un mât haut perché pour la diffusion de ses ondes. Pour cette raison, le gouvernement fit opposition au projet maritime et la Tour resta entière et debout à Paris, à l'ire sombre des gens de goût qui souhaitaient la voir disparaître, et devint, à leur noire fureur, l'emblème de la capitale et presque de la France.

Peu d'émetteurs en amont ou au sommet, beaucoup de récepteurs en aval ou à la base : la propagation des ondes, des nouvelles, de la communication en général, prit la forme exacte de la tour Eiffel, la pyramide schématique du pouvoir. Écrits, visuels ou parlés, les anciens médias se diffusaient tous, se diffusent encore en cette forme de faisceau, à partir d'un cénacle restreint d'annonceurs vers le plus grand nombre de petits chiens assis, écoutant la voix de leurs maîtres ; ainsi cette forme favorise-t-elle l'appropriation de l'information à la source et la formation d'un groupe de pression gardant à son profit cette diffusion, ainsi favorise-t-elle la puissance plutôt que la connaissance. Enchaînés, c'est le mot, à ce quatrième pouvoir, assujettis par lui, formatés par ses répétitions, nous finîmes par le redouter, par le détester parfois.

Petite Poucette le quitte. Car, désormais, elle est, je suis, tu es, nous sommes, vous êtes émetteurs tout autant que récepteurs. La base de la tour Eiffel prend la même dignité que sa cime, qui, elle, va disparaître à terme, nous l'espérons tous. Par bonheur, nous ne construirons plus ainsi. Nous ne penserons plus nos relations ni la société ainsi. Nous ne croyons plus à cette antique politique ni à ces vieilles institutions si stables que, des pyramides d'Égypte à la tour Eiffel, leur structure formelle resta inchangée, toujours tyrannique sous apparence de république.

Avance la démocratie ; mieux, va-t-elle naître ?

Da capo : retour au politique

Je parle des républiques de jadis, dit Grand-Papa Ronchon, où l'on respirait la liberté. Petite Poucette répond : comparons-les à maintenant, à ce temps réel que cet adverbe exprime si bien en langue française, puisqu'elle dit que ce présent, je le tiens enfin dans la main : « maintenant, tenant en main le monde », dit-elle, brandissant son portable.

Qui pouvait crier une telle annonce, jadis, demande-t-elle ? Auguste, empereur de Rome, à qui, rodomont, Corneille fait dire : « Je suis maître de moi comme de l'univers » ? Le Roi-Soleil, à Versailles ? Tel tyran, au Kremlin, tel richissime milliardaire, à la Bourse ? En tout cas, des personnes rarissimes, juchées à la cime de la tour Eiffel, aussi éloignées du sol et des sujets que possible. Or, maintenant, justement, trois milliards sept cent cinquante millions de Petites Poucettes, tenant en main leur portable, peuvent proclamer, dans le monde, cette devise, mieux encore et au sens littéral, ce manifeste.

Voici la base d'une nouvelle tour, étêtée, sans sommet. Autant d'émetteurs que de récepteurs : enfin le grand nombre a conquis aussi l'émission. Cela dessine un nouvel espace de communication, en forme de réseau ou d'entrelacs, réalisant ainsi l'utopie préalable à la démocratie. Je précise : l'utopie, alors, n'est pas un non-lieu, mais un lieu à la fois réel et virtuel. Autrement dit, une bombe !

Grandeur des espèces

Bondissant alors et juché sur ses grands chevaux, Grand-Papa Ronchon déclame, gaullien, à la cantonade : avant, la France comptait parmi les grandes nations du monde, alors qu'aujourd'hui... Certes, dit, le plus doucement possible, Petite Poucette, mais qu'entendez-vous par grandeur ? À l'ère de ces hauteurs vertigineuses, Louis XIV, Robespierre ou Napoléon tuèrent mes aïeux, par dizaines, par centaines de milliers, sur la place de Grève, en Russie, Égypte et Italie. Parfois cinquante mille en une seule bataille, oui, en une seule journée de quinze heures, comme à Eylau ou à la Moskova. Combien de cadavres par minute ? Dans quel but, sinon avoir un nom dans l'histoire, mais, finalement, échouer ? Pour devenir le premier, mais, enfin, se faire guillotiner ou emprisonner à Sainte-Hélène ? Cher payé pour le peuple et leur propre destin. Qui écrivit jamais l'histoire du point de vue de ces victimes, de ces âmes mortes, nous ?

Parallèle biologique : prenons l'exemple de l'homme en général et comme être vivant. À force de se battre contre toutes les espèces, de les exploiter, de les chasser, de les parasiter, de les détruire, supposons qu'il arrive au terme fatal où elles disparaîtraient. Le plus fort, le plus grand, le plus puissant, le vainqueur de la lutte pour la vie a gagné. Le voici donc seul sur la Terre, sans vache, sans arbre, sans blé. Que mangera-t-il ? Son semblable, sa femme, son fils, Grand-Papa et Petite Poucette au petit déjeuner ?

J'imagine un roman inspiré par le darwinisme social où la lutte pour la vie fait rage et où, à la fin d'une ère, une espèce vivante l'emporte. La voici, à son tour, victorieuse, seule sur la Terre ; comme, tantôt, l'homme mourut d'avoir gagné, elle risque d'en crever. Alors, avant de disparaître et, vite, pour se sauvegarder, elle décide de faire profil bas et se résigne à se glisser désormais vers un rang plus modeste. Elle apprend surtout à ne plus jamais tenter de l'emporter, elle a su, à ses dépens, ce qu'il en coûte de gagner. Alors, passé sa résignation, acte deux, une autre époque s'annonce, une autre bataille fait rage, au terme de laquelle une autre espèce gagne et tout recommence. À son tour, de nouveau, elle risque d'en mourir et rentre rapidement dans le rang. Leçon intégrale enfin : toutes les espèces vivantes, bactéries, champignons, faune, baleine, flore, séquoias, oui, toutes eurent leur chance dans cette vive et sinistre galère et, tour à tour, après avoir gagné, se résignèrent et entrèrent en la forêt commune, en compagnie des autres, pour la petite guerre de tous les jours et de tous contre tous, où qui perd gagne, où qui gagne perd, et où, finalement, tout le monde finit par se reproduire et manger.

Voilà pourquoi toutes redoutent l'homme : chacune sait la vraie loi de la jungle, celle que je viens d'énoncer, qu'il ne faut surtout pas gagner, mais l'homme, le dernier, ne la sait toujours pas. Car il n'a pas encore gagné. Depuis quelques millions d'années, nous y sommes, c'est le tour de l'homme. Il a lutté, il s'est battu, il a tout inventé, enfin il va gagner. Demain matin, au jour même de sa victoire, seul au monde, il sera forcé de se résigner, comme le firent le séquoia floral, la baleine faunesque, les bactéries, les champignons et les mousses. Quitter vite le pinacle et revenir au lot commun, s'il veut survivre. Vite, vite, au risque de mourir.

Petitesse

Ce qui vaut pour les espèces vivantes vaut pour les nations et les gouvernements. D'où vint, demande Montesquieu, la décadence des Romains ? L'auteur ne voit pas, semble-t-il, la réponse que dicte l'évidence historique : de leur grandeur même. La cause de la chute, la voici : le haut du pinacle, où l'équilibre instable bascule bientôt. Rome occupa l'Europe, une partie de l'Afrique, un peu de l'Asie et, vite vide, ce volume s'effondra. Les Barbares limitrophes purent pénétrer dans ce matelas mou. Pourquoi telles civilisations, demande un autre, furent-elles mortelles ? Parce qu'elles voulurent l'emporter sur toutes, devenir la plus grande, la plus forte, la première, et, pour cela, détruire les autres. J'ai beaucoup aimé, dans mon dernier livre, les évaluer à partir de leurs victimes, au nombre de cadavres qu'elles laissaient à leur passage. Au moment même de saisir la palme mondiale, les plus puissantes crevèrent, comme, tout à l'heure, l'espèce primée. Souviens-toi, Grand-Papa, de Staline : « Le Vatican, combien de divisions ? » Et c'est Jean-Paul

II, petit Polonais à soutane sans canon, qui fit se dégonfler l'Armée rouge! *Über alles,* criait Hitler, gloire à la race aryenne! Et il se suicida dans son bunker. Ces pseudo-géants agonisent dans leur armure increvable, de la taille formidable de leur imaginaire pénis. Exactement comme les dinosaures qui n'eurent pas le temps, juste avant leur victoire totale, de se faire tout petits, de rentrer dans le rang. Mais non, je me trompe: ils devinrent de petits oiseaux, du coup ils sont encore là, voletant autour de nous! Ils ont pris la décision de survivre, même sous une autre forme; mieux encore, ils n'ont survécu que pour avoir choisi la faiblesse.

Nous avons une chance folle, dit Petite Poucette à Grand-Papa Ronchon, de ne plus prétendre aux rôles-titres. Rentrons dans le rang, voyez mes ailes, devenons oiseaux, voilà le meilleur gage d'immortalité. Ainsi, survivants, n'investirons-nous plus d'énergie dans les batailles, les conflits, toutes luttes paranoïaques pour parvenir au pinacle, ainsi produirons-nous, plus modestement, cathédrales, théorèmes, romans et cantates, œuvres à partager, lumière douce, amour à répandre. La peste soit de la puissance et de la gloire, mortelles ; peste, cette histoire-là. Mort à la concurrence, mort à la mort.

Et pourquoi devins-je l'héroïne de ce temps, dit-elle avec humour ? Parce que, justement, je m'appelle Petite ; commencement minuscule d'une nouvelle histoire.

En catimini, cette Petite Poucette brûle de répéter le mot de Max Planck, génie quantique des temps modernes. « Ce n'est pas, aimait-il à dire, parce que les expériences et les théories de la physique se vérifient que la science progresse, mais parce que la génération précédente vient de prendre sa retraite. » Un bond en avant !

En grande activité de paroles, sinon d'actes, les Grands-Papas Ronchons créent une atmosphère de mélancolie sur les temps d'aujourd'hui. Ils affectent le moral des Petites Poucettes et barrent les innovations en prenant, un peu partout, le pouvoir. Jadis les pères tuaient réellement les fils ; désormais ils les tuent au virtuel.

Le flot qui l'apporta recule épouvanté

Les progrès, dont je viens de dire l'éloge, produisirent une forte espérance de vie qui produisit des vieillards, détenteurs de fortunes non encore héritées. Nombre d'entre eux accèdent au pouvoir pour y installer le refus du progrès. En causalité circulaire, le progrès se freine lui-même.

Exemples partout. Daech lutte à mort contre un avenir dont le printemps arabe annonça l'aurore irrésistible ; conservateurs, le Brexit, Trump, Poutine, Erdogan… reviennent en arrière pour mieux repousser un avenir pourtant irrésistible… mille manifs défilent pour conserver d'anciens acquis, résistibles.

Gauche ou droite croient lutter contre Daech, mais prennent partout les mêmes positions : Trump et Daech, même combat. Une trouille unique de l'avenir saisit une politique envahie par les vieux. Riche et gouvernant, Papa Ronchon devient dangereux.

Entrez dans la ronde. « Mieux après » produit des « c'était mieux avant » qui mettent en péril le « mieux après ».

Envoi

Chères Petites Poucettes, chers Petits Poucets, ne le dites pas à vos vieux dont je suis, c'est tellement mieux aujourd'hui : la paix, la longévité, la paix, les antalgiques, la paix, la Sécu, la paix, l'alimentation surveillée, la paix, l'hygiène et les soins palliatifs, la paix, ni service militaire ni peine de mort, la paix, le contrat naturel, la paix, les voyages, la paix, le travail allégé, la paix, les communications partagées, la paix, le gonflement vieilli bouffi des institutions dinosaures…

… face à toi, ma Poucette si petite, si légère, si douce que je te vois parfois, comme un oiseau, un souffle spirituel. Ah ! si Grand-Papa Ronchon pouvait te foutre la paix…

Achevé d'imprimer en janvier 2021
sur les presses de la Nouvelle Imprimerie Laballery
58500 Clamecy
Dépôt légal : septembre 2017
N° d'impression : 101331

Imprimé en France

La Nouvelle Imprimerie Laballery est titulaire de la marque Imprim'Vert®